Charles Delacre, né en 1826 et pharmacien français de formation, installe son officine à Bruxelles en Belgique.

A cette époque, le chocolat, surtout connu comme fortifiant ou remède, démarre son incroyable ascension dans le coeur et les papilles.
Charles Delacre décida alors de se consacrer à sa passion et ouvra une chocolaterie près de la grand place à Bruxelles. Le succès est tel qu'il s'entoure de pâtissiers de renom et ouvre en 1891 une biscuiterie à Vilvoorde où sera produit le premier biscuit fin enrobé d'un riche chocolat. De l'imagination de ces pâtissiers naîtront des créations gourmandes dont la fameuse **Cigarette Russe Delacre®**.

Le procédé de fabrication des **Cigarettes Russes Delacre®**, ces fines crêpes roulées très croustillantes, s'inspire des machines qui servaient à produire les cigarettes – à fumer – en Russie au début du siècle.

Preuve de son succès, 11 **Cigarettes Russes Delacre®** sont dégustées par seconde dans le monde ! Petite traversée gustative ... Le nombre de **Cigarette Russe Delacre®** produites dans les usines Delacre par an mises bout à bout est égal à 26 000 km, soit l'équivalent d'un Paris-Sidney aller-retour !

Toujours imitée, jamais égalée, la **Cigarette Russe Delacre®** est l'incontournable complice des desserts glacés, chocolatés, vanillés, caramélisés, pralinés...
Tout lui est permis !

En résumé, la **Cigarette Russe Delacre®** est une véritable icône. Nous l'avons tous croquée au moins une fois dans notre vie et une fois goûtée, difficile de s'en passer ! Découvrez à travers cet ouvrage toute les créations gourmandes et originales autour de la **Cigarette Russe Delacre®**, à savourer sans modération en famille ou entre amis.

Le petit livre

DELACRE®

EMMANUELLE REDAUD
Photographies de Lucie Cipolla

MARABOUT

Avec la collaboration de DELACRE®.

BOUTIQUE DELACRE®
Place de la Vieille Halle aux blés, 27
1000 Bruxelles

Shopping : Emmanuelle Redaud
Suivi éditorial : Marie-Ève Lebreton
Relecture : Véronique Dussidour
Mise en pages : Gérard Lamarche

ISBN : 978-2-501-07746-0
4118022
Dépôt légal : juin 2012
Achevé d'imprimer en Avril 2012
sur les presses d'Impresia-Cayfosa en Espagne

SOMMAIRE

KIT APÉRITIFS 8

KIT PETITS FOURS SUCRÉS 10

KIT TOPPING DESSERTS 12

GRIGNOTAGES

CARAMELS CROQUANTS POIVRÉS 14

BISCUITS AUX ÉPICES 15

LINZER 16

CHOCOLATS AU LAIT, CRANBERRIES & GRAINES DE COURGES 17

SABLÉS SABLISSIMES AUX NOISETTES 18

LES CIGARETTES RUSSES DELACRE® AIMENT LES FRUITS

TARTELETTES DE CIGARETTES RUSSES DELACRE® À LA ROSE & AUX FRAMBOISES 20

MINESTRONE DE FRUITS DE SAISON 22

ETON MESS 23

MOUSSE ONCTUEUSE DE MANGUE 24

PÊCHE MELBA & GLACE AUX CIGARETTES RUSSES DELACRE® 26

DESSERTS POUR LES COPAINS

CRUMBLE ANANAS PASSION 28

VATROUCHKA DOUBLEMENT RUSSE ! 30

GÂTEAU AU CHOCOLAT, NOIX DE CAJOU & CIGARETTES RUSSES DELACRE® 32

CHEESE-CAKE AUX TROIS AGRUMES 34

TARTE SABLÉE AUX POMMES FAÇON TATIN 36

CHARLOTTE AU CHOCOLAT & BASILIC 38

CHOUX À LA CRÈME DE CIGARETTES RUSSES DELACRE®, SAUCE CARAMEL 40

PRÉPARATION 5 MIN CHRONO

CRÈME GLACÉE AU YAOURT & NOIX DE PÉCAN 42

CIGARETTES RUSSES DELACRE® AU CITRON MERINGUÉES 44

PETITS POTS EN TROMPE L'ŒIL AU CHOCOLAT.. 46

GRATIN DE BANANES & CIGARETTES RUSSES DELACRE® AU LAIT DE COCO 48

PETITS-SUISSES AUX ABRICOTS, ANIS & CIGARETTES RUSSES DELACRE® 50

OSER LA VERSION SALÉE

PETITS GÂTEAUX DE BLEU & NOIX 52

CAMEMBERT GRATINÉ AUX CIGARETTES RUSSES DELACRE® 54

CRUMBLE DE COURGETTES & OIGNONS ROUGES 56

BLANCS DE POULET CROUSTILLANTS AUX ÉPICES 58

TERRINE DE FOIE GRAS AUX CIGARETTES RUSSES DELACRE® 60

KIT APÉRITIFS

CIGARETTES RUSSES DELACRE® GRATINÉES AU COMTÉ

60 g de comté, 8 à 10 Cigarettes Russes DELACRE®

Préchauffer le four à 200 °C. À l'aide d'un économe, faire de longues tranches de comté. Les enrouler autour des Cigarettes Russes DELACRE® en les recouvrant bien. Les poser sur du papier sulfurisé. Enfourner dans le haut du four pendant 5 à 10 minutes.

BARQUETTES AU CONCOMBRE

Quelques Cigarettes Russes DELACRE®, 1/3 de concombre bio, 1 cuillerée à soupe d'huile d'olive, fleur de sel, ciboulette ciselée

Couper les Cigarettes Russes DELACRE® dans le sens de la longueur. Pour y parvenir, prendre un couteau-scie et couper doucement. Couper le concombre en morceaux de la longueur d'une Cigarette Russe DELACRE®, puis les couper en deux. Les évider avec une cuillère. Tailler le concombre en longs et fins bâtonnets. Assaisonner d'huile d'olive et de fleur de sel. Poser un bâtonnet sur chaque demie Cigarette Russe DELACRE® et parsemer de ciboulette ciselée.

BILLES DE FROMAGE DE CHÈVRE AUX HERBES

5 Cigarettes Russes DELACRE®, 1 cuillerée à café de poivre concassé, 250 g de fromage frais de chèvre, 2 cuillerées à soupe d'herbes hachées (estragon, aneth, etc.)

Concasser grossièrement les Cigarettes Russes DELACRE®. Poivrer et mélanger au fromage frais. Façonner de grosses billes. Rouler les billes de fromage frais dans les herbes hachées. Réserver au réfrigérateur jusqu'au moment de servir.

CUBES DE CACAHUÈTES

1 cuillerée à soupe de cacahuètes grillées, 5 Cigarettes Russes DELACRE®, 2 cuillerées à soupe de beurre de cacahuètes, 2 pincées de piment fort, 1 carotte coupée en rondelles

Hacher grossièrement les cacahuètes. Concasser grossièrement les Cigarettes Russes DELACRE®. Malaxer ensemble tous les ingrédients excepté les rondelles de carotte. Façonner la pâte en boule et la mettre dans du film alimentaire. L'étaler sur une épaisseur de 2 cm. Réserver au frais pendant 2 heures pour faire figer. Découper ensuite en petits cubes et les déposer sur les rondelles de carotte.

Cigarettes Russes
Delacre

KIT PETITS FOURS SUCRÉS

BARQUETTES AUX GROSEILLES & MYRTILLES

POUR 12 BARQUETTES

6 Cigarettes Russes DELACRE®, 1 cuillerée à café bombée de mascarpone, 1 à 2 branches de groseilles, 1 cuillerée à soupe de myrtilles, 1 branche de menthe fraîche

Couper les Cigarettes Russes DELACRE® en deux dans le sens de la longueur. Pour y parvenir, prendre un couteau-scie et couper doucement. Remplir les demi Cigarettes Russes DELACRE® de mascarpone. Disposer quelques groseilles et les myrtilles dessus. Réserver au réfrigérateur jusqu'au moment de servir. Décorer avec une feuille de menthe fraîche.

BOUCHÉES DE RICOTTA, FRUITS CONFITS & CIGARETTES RUSSES DELACRE®

POUR 8 BOUCHÉES

2 cuillerées à soupe de dés de fruits confits, 250 g de ricotta, 6 Cigarettes Russes DELACRE®

Bien mélanger les fruits confits et la ricotta. Façonner de petites bouchées. Concasser les Cigarettes Russes DELACRE® en fine chapelure. Rouler les bouchées dedans. Réserver au réfrigérateur jusqu'au moment de servir.

CIGARETTES RUSSES DELACRE® EN CHEMISE

POUR 10 CIGARETTES

2 cuillerées à soupe de pistaches mondées non salées, 8 g de pralines roses, 150 g de chocolat noir, 10 cigarettes russes DELACRE®

Hacher finement les pistaches et les pralines. Hacher le chocolat en petits morceaux, en faire fondre 100 g dans un bol au four à micro-ondes en remuant régulièrement. Quand il est fondu, ajouter les 50 g restants et les faire fondre en mélangeant vigoureusement. Quand le chocolat est bien fluide sans être chaud, plonger un côté des Cigarettes Russes DELACRE® dedans. Les poser sur du papier sulfurisé. Parsemer immédiatement de pistaches ou de pralines. Laisser le chocolat figer. S'il ne fige pas bien, réserver au congélateur pendant 15 minutes.

Delacre

KIT TOPPING DESSERTS

CIGARETTES RUSSES DELACRE®, ORANGE, NOISETTE & CANNELLE

4 Cigarettes Russes DELACRE®, 2 cuillerées à soupe de noisettes, 2 oranges bio, 2 pincées de cannelle en poudre

Hacher grossièrement les Cigarettes Russes DELACRE®. Concasser les noisettes. Laver les oranges et les zester. Mélanger les Cigarettes Russes DELACRE®, les noisettes concassées, les zestes et la cannelle. Saupoudrer sur du yaourt.

CIGARETTES RUSSES DELACRE®, CARAMEL & SÉSAME GRILLÉ

4 Cigarettes Russes DELACRE®, 40 g de sucre en poudre, 3 cuillerées à soupe de graines de sésame, 2 cuillerées à soupe de flocons de céréales

Hacher grossièrement les Cigarettes Russes DELACRE®. Préparer un caramel : porter à ébullition le sucre et 2 cuillerées à soupe d'eau dans une casserole.
Le verser sur du papier cuisson. Une fois qu'il a refroidi, le casser en petits morceaux. Faire griller les graines de sésame dans une poêle à feu moyen tout en remuant. Faire de même avec les céréales.
Mélanger tous les ingrédients. Servir avec du fromage blanc.

CIGARETTES RUSSES DELACRE®, NOIX DE COCO, GINGEMBRE CONFIT & CHOCOLAT NOIR

4 Cigarettes Russes DELACRE®, 1 cuillerée à soupe de noix de coco râpée, 6 morceaux de gingembre confit, 40 g de chocolat noir

Hacher grossièrement les Cigarettes Russes DELACRE®. Couper le gingembre en petits morceaux. Râper le chocolat à l'aide d'un économe ou d'un couteau-scie. Mélanger tous les ingrédients. Servir avec un sorbet à la mangue.

CIGARETTES RUSSES DELACRE®, PISTACHE, ABRICOT & GRUÉ DE CACAO

4 Cigarettes Russes DELACRE®, 6 abricots secs bio, 1 cuillerée à soupe de grué de cacao, 1 cuillerée à soupe de pistaches mondées non salées

Hacher grossièrement les Cigarettes Russes DELACRE®. Couper les abricots en petits dés. Faire griller le grué dans une poêle à feu moyen. Concasser les pistaches. Mélanger tous les ingrédients. Servir avec une glace au chocolat.

CARAMELS CROQUANTS POIVRÉS

5 MIN DE PRÉPARATION – 5 MIN DE CUISSON

POUR 1 PLAQUE DE 12x12 CM

8 Cigarettes Russes DELACRE®

200 g de sucre en poudre

fleur de sel

poivre

1- Couper les Cigarettes Russes DELACRE® en petits tronçons. Les disposer dans un plat de 12x12 cm préalablement garni de papier sulfurisé.
2- Dans une casserole, porter à ébullition le sucre et 65 g d'eau jusqu'à obtenir un caramel. Bien mélanger puis ajouter 1 pincée de fleur de sel et 1 grosse pincée de poivre.
3- Verser doucement le caramel sur les tronçons de Cigarettes Russes DELACRE®. Une fois le caramel complètement refroidi, le casser en morceaux. Conserver à l'abri de l'humidité dans une boîte hermétique.

BISCUITS AUX ÉPICES

5 MIN DE PRÉPARATION – 20 MIN DE CUISSON – 20 MIN DE RÉFRIGÉRATION

POUR 1 VINGTAINE DE BISCUITS

1 boîte de Cigarettes Russes DELACRE®

1 cuillerée à café de cannelle en poudre

1 pincée de muscade

1 cuillerée à café de gingembre en poudre

1 blanc d'œuf

1- Mixer finement les Cigarettes Russes DELACRE®. Ajouter les épices et le blanc d'œuf. Mixer brièvement pour obtenir une pâte homogène. La verser sur du film alimentaire puis la façonner en boule aplatie. Couvrir de film alimentaire et l'étaler à l'aide d'un rouleau à pâtisserie sur 2 mm d'épaisseur. Réserver 20 minutes au réfrigérateur.

2- Préchauffer le four à 170 °C.

3- Détailler les biscuits dans la pâte à l'aide d'un emporte-pièce. Les disposer sur la plaque du four préalablement garnie de papier sulfurisé. Enfourner et laisser cuire 20 minutes. Surveiller la cuisson pour éviter que les biscuits colorent trop.

LINZER

5 MIN DE PRÉPARATION – 15 MIN DE CUISSON

POUR 20 PETITS GÂTEAUX

10 à 15 Cigarettes Russes DELACRE® (cela dépend de la taille du moule)

2 grosses pincées de cannelle en poudre

les zestes de 1 citron jaune non traité

½ pot de confiture de framboises

1- Préchauffer le four à 200 °C.
2- Garnir un petit plat de papier sulfurisé.
Disposer les Cigarettes Russes DELACRE®
au fond. Appuyer dessus pour les concasser grossièrement.
Saupoudrer de cannelle et de zestes de citron. Recouvrir d'une épaisse couche de confiture de framboises.
3- Enfourner au milieu du four et laisser cuire 10 minutes. Quand la confiture commence à faire des bulles, laisser cuire encore 5 minutes. À la sortie du four, remuer avec la pointe d'un couteau pour faire descendre la confiture. Laisser refroidir complètement avant de démouler et découper.

CHOCOLATS AU LAIT, CRANBERRIES & GRAINES DE COURGES

20 MIN DE PRÉPARATION – 1 MIN DE CUISSON

POUR 15 CHOCOLATS

200 g de chocolat au lait pur cacao

20 à 30 g de cranberries

20 g de graines de courges

4 Cigarettes Russes DELACRE®

1- Hacher le chocolat. Dans un bol, en faire fondre 150 g au four à micro-ondes pendant 1 minute. Bien mélanger. Quand tout le chocolat est fondu mais pas chaud, ajouter les 50 g restants et remuer jusqu'à ce que le mélange soit homogène. Le chocolat doit être lisse et brillant sans être chaud.

2- Couper les Cigarettes Russes DELACRE® en quatre.

3- Dans chaque empreinte d'un bac à glaçon, verser 1 cuillerée à café de chocolat fondu et saupoudrer immédiatement de graines de courges et de cranberries. Ajouter un morceau de Cigarettes Russes DELACRE® et appuyer pour l'enfoncer. Réserver au réfrigérateur jusqu'à ce que le chocolat soit figé.

SABLÉS SABLISSIMES AUX NOISETTES

5 MIN DE PRÉPARATION – 20 MIN DE CUISSON – 1 H DE RÉFRIGÉRATION

POUR 1 VINGTAINE DE SABLÉS

1 boîte de 200 g de Cigarettes Russes DELACRE®

65 g de beurre doux

100 g de poudre de noisettes

1 poignée de noisettes entières, décortiquées

1- Concasser les noisettes.
2- Mixer finement les Cigarettes Russes DELACRE®. Ajouter la poudre de noisettes et les deux tiers des noisettes concassées puis mélanger.
3- Faire fondre le beurre coupé en morceaux au four à micro-ondes. Verser le beurre fondu sur le mélange précédent. Mixer brièvement pour obtenir une pâte sablée.
4- Verser la pâte sur du film alimentaire, la façonner en boule aplatie puis couvrir de film alimentaire. À l'aide d'un rouleau à pâtisserie, étaler la pâte sur 2 cm d'épaisseur. Réserver 1 heure minimum au réfrigérateur.
5- Préchauffer le four à 160 °C.
6- Saupoudrer la pâte sablée du restant de noisettes concassées et bien appuyer pour les faire adhérer. Détailler la pâte en sablés à l'aide d'un emporte-pièce.
7- Les disposer sur la plaque du four préalablement garnie de papier sulfurisé. Enfourner et laisser cuire 20 minutes. Surveiller la cuisson pour éviter que les sablés colorent trop.
8- Faire refroidir complètement puis conserver dans une boîte hermétique.

TARTELETTES DE CIGARETTES RUSSES DELACRE®
À LA ROSE & AUX FRAMBOISES

25 MIN DE PRÉPARATION – 25 MIN DE CUISSON

POUR 4 TARTELETTES

LA PÂTE

30 Cigarettes Russes DELACRE®

1 jaune d'œuf battu

1 pâte sablée

LA CRÈME À LA ROSE

15 cl de crème fleurette

3 cuillerées à soupe de confit de rose (dans les épiceries fines)

LA GARNITURE

250 g de framboises

sucre glace

1- Préchauffer le four à 170 °C.

2- Couper les Cigarettes Russes DELACRE® en tronçons bien droits de 2 à 3 cm. Les réserver au congélateur.

3- Garnir le fond de 4 moules à tartelettes de papier sulfurisé.

4- Dérouler la pâte sablée et y découper 4 disques du diamètre des moules.

5- Garnir le fond des moules avec les disques de pâte. Bien les piquer à l'aide d'une fourchette.

6- Pour le montage de chaque tartelette : tremper l'extrémité plate des tronçons de Cigarettes Russes DELACRE® dans le jaune d'œuf battu et les disposer bien serrés perpendiculairement sur le bord des disques de pâte en appuyant un peu pour les enfoncer.

7- Enfourner dans le bas du four et laisser cuire 20 minutes. Laisser refroidir avant de démouler.

8- Monter la crème fleurette froide en chantilly bien ferme. Ajouter le confit de rose et fouetter de nouveau. Réserver au réfrigérateur.

9- Au moment de servir, répartir les deux tiers des framboises dans le fond des moules. Ajouter 1 cuillerée à soupe de crème à la rose. Terminer en disposant le reste des framboises sur la mousse. Saupoudrer de sucre glace et servir.

MINESTRONE DE FRUITS DE SAISON

20 MIN DE PRÉPARATION – 3 MIN DE CUISSON

POUR 4 PERSONNES

80 g de sucre en poudre
600 g de fruits de saison
le jus d'1/2 citron
8 à 10 Cigarettes Russes DELACRE®

1- Dans une casserole, porter à ébullition le sucre avec 200 g d'eau. Bien mélanger. Après 1 minute d'ébullition, mettre hors du feu et laisser refroidir.
2- Laver, éplucher les fruits puis les couper en petits dés. Arroser de jus de citron pour éviter que les fruits noircissent.
3- Couper les Cigarettes Russes DELACRE® en tronçons de 1 cm.
4- Alterner les couches de Cigarettes Russes DELACRE® et de fruits en commençant par les biscuits. Verser le sirop dans les verres au dernier moment pour ne pas ramollir les biscuits.

ETON MESS

5 MIN DE PRÉPARATION

POUR 4 PERSONNES

20 cl de crème fleurette
10 g de sucre glace
8 Cigarettes Russes DELACRE®
250 g de fraises

1- Monter la crème fleurette bien froide en chantilly avec le sucre glace.
2- Laver, équeuter et couper les fraises en quartiers.
3- Concasser les Cigarettes Russes DELACRE®.
4- Mélanger le tout et servir bien frais.

MOUSSE ONCTUEUSE DE MANGUE

20 MIN DE PRÉPARATION

POUR 4 PERSONNES

2 petites mangues

10 Cigarettes Russes DELACRE®

15 cl de crème fleurette

1- Éplucher les mangues et couper la chair en petits dés.

2- Mixer la moitié des mangues avec 8 Cigarettes Russes DELACRE®.

3- Monter la crème fleurette froide en chantilly.

4- Mélanger les deux tiers de la crème fouettée à la purée de mangue.

5- Dans 4 verrines, répartir les dés de mangue puis recouvrir de mousse de mangue. Terminer en ajoutant un peu de crème fouettée et parsemer de miettes de Cigarettes Russes DELACRE®.

PÊCHE MELBA & GLACE AUX CIGARETTES RUSSES DELACRE®

30 MIN DE PRÉPARATION – 5 MIN DE CUISSON – 6 H DE CONGÉLATION

POUR 4 PERSONNES

8 Cigarettes Russes DELACRE®

½ l de lait

4 jaunes d'œufs

2 cuillerées à soupe de sirop d'orgeat

1 cuillerée à soupe d'amandes effilées

4 demi-pêches au sirop

coulis de framboise

1- Concasser les Cigarettes Russes DELACRE®.

2- Dans une casserole, porter à ébullition le lait avec les biscuits concassés. Verser le mélange sur les jaunes d'œufs tout en remuant puis remettre à chauffer jusqu'à ébullition.

3- Verser dans un bol puis laisser refroidir complètement. Ajouter le sirop d'orgeat et mélanger. Faire prendre la glace en turbine pendant 20 minutes ou bien au congélateur pendant 6 heures.

4- Dans une poêle, faire griller à feu moyen les amandes en remuant régulièrement.

5- Dresser en disposant dans 4 ramequins du coulis de framboise, 1 demi-pêche, 1 boule de glace et quelques amandes effilées.

CRUMBLE ANANAS PASSION

20 MIN DE PRÉPARATION – 15 MIN DE CUISSON

POUR 4 PERSONNES

LE CRUMBLE

10 Cigarettes Russes DELACRE®

2 cuillerées à soupe de farine

1 pincée de quatre-épices

30 g de beurre

LA GARNITURE

1 ananas

1 ou 2 cuillerées à soupe de sucre en poudre

2 fruits de la passion

1- Préchauffer le four à 160 °C.

2- Émietter les Cigarettes Russes DELACRE®. Les mélanger avec la farine et le quatre-épices.

3- Couper le beurre en petits dés et le travailler ensuite du bout des doigts avec le mélange précédent.

4- Étaler les miettes de crumble sur la plaque du four préalablement garnie de papier sulfurisé. Enfourner et laisser cuire 15 minutes. Remuer de temps en temps à l'aide d'une spatule puis laisser refroidir complètement.

5- Éplucher l'ananas et le couper en petits morceaux après avoir ôté le cœur.

6- Dans une poêle, faire chauffer le sucre avec les morceaux d'ananas, sans les faire colorer. Ajouter ensuite la pulpe des fruits de la passion.

7- Répartir les fruits dans 4 grands ramequins. Saupoudrer de crumble et servir aussitôt.

VATROUCHKA DOUBLEMENT RUSSE !

20 MIN DE PRÉPARATION – 45 MIN DE CUISSON – 6 H DE RÉFRIGÉRATION

POUR 6 PERSONNES

LA PÂTE

150 g de Cigarettes Russes DELACRE® (3 sachets)

2 cuillerées à soupe de farine

50 g de beurre fondu

sel

LA GARNITURE

250 g de faisselle bien égouttée

10 cl de crème épaisse

2 jaunes d'œufs

35 g de sucre en poudre

1 cuillerée à café de sucre vanillé

50 g de beurre mou

2 cuillerées à soupe de farine

le jus de ½ citron

1 blanc d'œuf

sel

1- Mixer finement les Cigarettes Russes DELACRE®, ajouter la farine, une pincée de sel puis le beurre fondu.
2- Beurrer un moule rond à fond amovible (ou un cercle à pâtisserie) de 18 cm de diamètre et de 5 cm de hauteur. Répartir la pâte obtenue dans le fond du moule et sur les parois en l'étalant avec le dos d'une cuillère. Réserver 6 heures au réfrigérateur.
3- Préchauffer le four à 170 °C.
4- Mélanger la faisselle, le fromage blanc, les jaunes d'œufs, le sucre, le sucre vanillé et le beurre mou. Ajouter la farine, et enfin le jus de citron. Bien remuer.
5- Monter le blanc d'œuf en neige avec une pincée de sel. L'incorporer délicatement au mélange précédent.
6- Verser la préparation dans le moule. Enfourner au 2e niveau du four et laisser cuire 40 minutes. Monter le moule d'un niveau et laisser cuire 5 minutes supplémentaires pour faire colorer la surface. Vérifier la cuisson à l'aide de la pointe d'un couteau : il faut qu'elle ressorte presque sèche. Sortir du four et démouler une fois que le gâteau est complètement refroidi. Servir nature ou avec un coulis de fruits rouges.

Cigarettes russes

GÂTEAU AU CHOCOLAT, NOIX DE CAJOU & CIGARETTES RUSSES DELACRE®

10 MIN DE PRÉPARATION – 3 MIN DE CUISSON – 6 H DE RÉFRIGÉRATION

POUR 6 PERSONNES

100 g de Cigarettes Russes DELACRE® (2 sachets)

150 g de chocolat noir corsé

60 g de lait

60 g de crème liquide

40 g de noix de cajou grillées et salées

1- Hacher le chocolat.

2- Dans une casserole, faire chauffer le lait et la crème. À ébullition, mettre hors du feu et ajouter le chocolat haché. Bien mélanger. Laisser reposer 20 secondes puis remuer au fouet pour obtenir une ganache lisse et brillante.

3- Garnir de film alimentaire un petit moule à cake ou une petite terrine. Répartir des Cigarettes Russes DELACRE® alignées dans le sens du moule dans le fond. Recouvrir avec la moitié de la ganache au chocolat. Poser 1 Cigarette Russe DELACRE® de chaque côté du moule dans la largeur. Remplir de noix de cajou à hauteur des biscuits. Verser le reste de ganache. Recouvrir de Cigarettes Russes DELACRE® dans le sens de la largeur et les enfoncer légèrement. Couvrir de film alimentaire et réserver 6 heures minimum au réfrigérateur.

4- Démouler au moment de servir. Couper les tranches à l'aide d'un couteau-scie. Servir accompagné de crème anglaise ou de glace.

CHEESE-CAKE AUX TROIS AGRUMES

30 MIN DE PRÉPARATION – 1 H 15 DE CUISSON – 12 H DE REPOS

POUR 6 PERSONNES

LE PAMPLEMOUSSE CONFIT

1 pamplemousse bio

300 g de sucre en poudre

LA BASE

160 g de Cigarettes Russes DELACRE®

40 g de flocons de céréales complètes

les zestes de 2 oranges bio

45 g de beurre fondu

LA GARNITURE

5 feuilles de gélatine

125 g de crème fleurette

400 g de fromage blanc à 40 % de MG

1 yaourt velouté

80 g de mascarpone

45 g de sucre en poudre

les zestes de 1 ou 2 citrons bio

1- Couper le pamplemousse en tranches. Dans une casserole, mettre les tranches et couvrir d'eau froide. Porter à ébullition puis égoutter et rincer. Renouveler l'opération deux fois pour ôter l'amertume de l'agrume.
2- Dans une casserole, faire chauffer le sucre avec 450 g d'eau à feu doux. Bien mélanger jusqu'à dissolution du sucre puis y plonger les tranches de pamplemousse et laisser frémir 1 heure. Hors du feu, couvrir et laisser refroidir dans le sirop.
3- Mixer finement 140 g de Cigarettes Russes DELACRE® et les céréales puis ajouter les zestes des oranges et le beurre fondu.
4- Tasser la préparation dans le fond d'un moule rond de 20 cm de diamètre à fond amovible. Réserver au réfrigérateur.
5- Dans un bol d'eau froide, mettre les feuilles de gélatine à ramollir 10 minutes.
6- Monter la crème fleurette bien froide en chantilly.
7- Dans un saladier, mélanger le fromage blanc, le yaourt, le mascarpone, le sucre et les zestes du citron.
8- Égoutter la gélatine puis la faire fondre 10 secondes au four à micro-ondes. Délayer avec 2 cuillerées à soupe du mélange au fromage blanc, puis verser dans le mélange en fouettant. Incorporer délicatement la crème chantilly. Verser le tout dans le moule. Lisser la surface et réserver 12 heures au réfrigérateur.
9- Le lendemain, démouler le cheese-cake puis décorer de tranches de pamplemousse confites et de miettes de Cigarettes Russes DELACRE®.

TARTE SABLÉE AUX POMMES FAÇON TATIN

30 MIN DE PRÉPARATION – 30 MIN DE CUISSON

POUR 6 PERSONNES

LA PÂTE

200 g de Cigarettes Russes DELACRE®
(4 sachets)

30 g de beurre demi-sel mou

LA GARNITURE

4 à 6 pommes royal gala ou golden

40 g de beurre

50 g de sucre en poudre

1- Préchauffer le four à 160 °C.

2- Mixer les Cigarettes Russes DELACRE® avec le beurre mou jusqu'à obtenir une pâte.

3- Verser la pâte dans un moule à tarte à fond amovible. Étaler et tasser la pâte à l'aide du dos d'une cuillère.

4- Enfourner et laisser cuire 15 minutes. Laisser la pâte refroidir complètement avant de démouler.

5- Pendant ce temps, éplucher les pommes et les couper en six.

6- Dans une poêle anti-adhésive, faire chauffer le sucre. Quand il commence à fondre, ajouter le beurre coupé en morceaux. Une fois le beurre fondu et bien mélangé au sucre, poser les morceaux de pomme. Les faire cuire à feu doux-moyen, en les retournant régulièrement pour les caraméliser sur toutes les faces. Les laisser tiédir dans une assiette penchée pour enlever le jus. Au moment de servir, disposer les pommes sur la tarte et accompagner de crème épaisse.

CHARLOTTE AU CHOCOLAT & BASILIC

20 MIN DE PRÉPARATION – 6 MIN DE CUISSON – 6 H DE RÉFRIGÉRATION

POUR 6 À 8 PERSONNES

LA CHARLOTTE AU CHOCOLAT

180 g de chocolat noir

30 g de beurre

5 œufs

2 cuillerées à soupe de crème fraîche épaisse

10 feuilles de basilic

sel

30 Cigarettes Russes DELACRE®

LE SIROP DE BASILIC

100 g de sucre en poudre

le jus de 1 citron vert

10 feuilles de basilic

1- Faire fondre le chocolat en morceaux au bain-marie ou au four à micro-ondes. Bien mélanger et incorporer le beurre en petits morceaux.

2- Séparer les jaunes des blancs d'œufs.

3- Mélanger le chocolat avec la crème fraîche, les jaunes d'œufs et le basilic haché finement.

4- Monter les blancs en neige avec une pincée de sel. Les incorporer délicatement au mélange.

5- Prendre un cercle à pâtisserie de 18 cm de diamètre et le poser sur un plat.

6- Couper l'extrémité des Cigarettes Russes DELACRE® pour obtenir une base stable. Les poser debout le long du cercle. Verser ensuite la mousse au chocolat à hauteur des Cigarettes Russes DELACRE®. Recouvrir de film alimentaire et réserver au réfrigérateur 6 heures minimum.

7- Dans une casserole, faire chauffer le sucre avec 50 g d'eau et le jus du citron vert jusqu'à obtenir un sirop. À ébullition, mettre hors du feu puis ajouter les feuilles de basilic. Couvrir et laisser infuser 20 minutes. Passer au chinois et laisser refroidir.

8- Au moment de déguster, démouler la charlotte et servir avec le sirop bien frais.

CHOUX À LA CRÈME DE CIGARETTES RUSSES DELACRE®, SAUCE CARAMEL

20 MIN DE PRÉPARATION – 35 MIN DE CUISSON

POUR 12 CHOUX

LA PÂTE À CHOUX

60 g de beurre

1 cuillerée à café rase de sucre en poudre

75 g de farine

2 œufs

sel

huile végétale

LA CRÈME PÂTISSIÈRE

2 jaunes d'œufs

200 g de lait

6 Cigarettes Russes DELACRE®

LE CARAMEL LIQUIDE

80 g de sucre en poudre

1- Dans une casserole, faire chauffer 120 g d'eau avec le beurre, le sucre et 1 pincée de sel. À ébullition, ajouter la farine hors du feu. Bien mélanger et remettre sur le feu pendant 20 secondes tout en remuant.

2- Verser la pâte dans un grand bol et incorporer les œufs, un à un. La consistance doit être à la fois souple et ferme. Si nécessaire, ajouter 1 ou 2 cuillerées à soupe d'eau.

3- Préchauffer le four à 180 °C.

4- Graisser légèrement la plaque du four avec un papier absorbant huilé. Garnir une poche à douille de pâte et former des tas de pâte réguliers et espacés. Enfourner et laisser cuire 20 minutes.

5- Mettre les jaunes d'œufs dans un saladier.

6- Dans une casserole, porter le lait à ébullition avec les Cigarettes Russes DELACRE® coupées en morceaux. Verser sur les jaunes d'œufs et bien mélanger. Remettre à cuire à feu moyen et laisser bouillir quelques instants tout en fouettant. Laisser refroidir complètement.

7- Dans une casserole, porter à ébullition le sucre avec 25 g d'eau. Bien mélanger jusqu'à obtenir un caramel. Hors du feu, ajouter 30 g d'eau chaude et remuer.

8- Couper les choux en deux, les garnir de crème puis les refermer. Napper de caramel avant de servir.

CRÈME GLACÉE AU YAOURT & NOIX DE PÉCAN

5 MIN DE PRÉPARATION

POUR 4 PERSONNES

½ l de glace au yaourt

½ yaourt

50 g de noix de pécan

6 Cigarettes Russes DELACRE®

1- Couper les Cigarettes Russes DELACRE® en petits tronçons.
2- Hacher grossièrement les noix de pécan.
3- Passer la glace 30 secondes au four à micro-ondes. L'écraser à l'aide d'une fourchette. Mélanger avec le demi-yaourt, les noix de pécan et les Cigarettes Russes DELACRE®. Verser dans quatre pots. Servir immédiatement ou réserver au congélateur jusqu'au moment de servir.

CIGARETTES RUSSES DELACRE® AU CITRON MERINGUÉES

5 MIN DE PRÉPARATION – 3 MIN DE CUISSON

POUR 4 PERSONNES

12 Cigarettes Russes DELACRE®

le jus de 1 citron

4 cuillerées à soupe bombées de fromage blanc lisse

3 cuillerées à café bombées de lemon curd

2 blancs d'œufs

1 pincée de sel

30 g de sucre en poudre

30 g de sucre glace

1- Répartir les Cigarettes Russes DELACRE® dans 4 ramequins à crème brûlée. Les écraser grossièrement puis les arroser de jus de citron.
2- Mélanger le fromage blanc et le lemon curd. Répartir le mélange sur les Cigarettes Russes DELACRE®.
3- Dans un bol, verser les blancs d'œufs et le sel. Fouetter. Quand les blancs commencent à bien monter, ajouter le sucre. Continuer à fouetter jusqu'à obtenir une consistance dense et brillante. À la fin, verser le sucre glace. Fouetter encore 1 minute.
4- Répartir la meringue dans les ramequins. Enfourner sous le gril du four à 200 °C quelques instants. Servir.

PETITS POTS EN TROMPE L'ŒIL AU CHOCOLAT

5 MIN DE PRÉPARATION – 4 H DE RÉFRIGÉRATION

POUR 4 PERSONNES

160 g de chocolat au lait

80 g de lait

20 g de crème liquide

4 Cigarettes Russes DELACRE®

3 cuillerées à soupe de noix de coco râpée

1- Râper le chocolat. Le réserver dans un bol.
2- Dans une casserole, porter à ébullition le lait et la crème liquide. Hors du feu, ajouter le chocolat râpé et bien mélanger jusqu'à ce que le mélange soit lisse.
3- Poser 1 Cigarette Russes DELACRE® debout dans chaque pot. Verser la ganache et réserver 4 heures au réfrigérateur.
4- Démouler en trempant les moules dans de l'eau chaude. Recouvrir les pourtours de noix de coco râpée puis servir.

GRATIN DE BANANES & CIGARETTES RUSSES DELACRE® AU LAIT DE COCO

5 MIN DE PRÉPARATION – 20 MIN DE CUISSON

POUR 4 PERSONNES

2 bananes

le jus et les zestes
de 1 citron vert

12 Cigarettes Russes
DELACRE®

20 cl de lait de coco

1 cuillerée à soupe
de sucre en poudre

1- Préchauffer le four à 200 °C.
2- Couper les bananes en tranches. Les disposer dans un plat à gratin. Arroser de jus de citron vert.
3- Recouvrir de Cigarettes Russes DELACRE®. Verser le lait de coco à la hauteur des biscuits. Saupoudrer de sucre.
4- Enfourner et laisser cuire 20 minutes jusqu'à ce que la surface colore un peu. Servir tiède ou froid. Râper les zestes du citron vert dessus au moment de servir.

PETITS-SUISSES AUX ABRICOTS, ANIS & CIGARETTES RUSSES DELACRE®

5 MIN DE PRÉPARATION – 5 MIN DE CUISSON – 10 MIN DE RÉFRIGÉRATION

POUR 4 PERSONNES

8 petits-suisses

1 cuillerée à café de graines d'anis

10 abricots secs

8 Cigarettes Russes DELACRE®

2 cuillerées à soupe de graines de sésame blanc

1- Démouler les petits-suisses et les verser sans leur eau dans un grand bol. Garder les moules et remettre le papier en place dedans.
2- Couper les abricots en petits dés.
3- Concasser les Cigarettes Russes DELACRE®.
4- Mélanger le tout avec les petits-suisses. Ajouter également les graines d'anis.
5- Verser la préparation dans les moules des petits-suisses et réserver au réfrigérateur.
6- Dans une poêle, faire griller le sésame à feu moyen.
7- Démouler les petits-suisses et les saupoudrer de graines de sésame. Servir immédiatement.

PETITS GÂTEAUX DE BLEU & NOIX

15 MIN DE PRÉPARATION – 1 H DE RÉFRIGÉRATION

POUR 4 PERSONNES

200 g de fourme d'Ambert

8 Cigarettes Russes DELACRE®

15 noix

1- Humidifier les parois de 4 ramequins individuels de 6 cm de hauteur. Les garnir de film alimentaire.
2- Décortiquer les noix et les concasser.
3- Couper les Cigarettes Russes DELACRE® en tronçons de 1 cm.
4- Dans le fond de chaque ramequin, alterner une couche de fromage, une couche de Cigarettes Russes DELACRE®, une couche de fromage, des noix, du fromage et enfin des Cigarettes Russes DELACRE®. Bien tasser les couches au fur et à mesure.
5- Filmer avec du film alimentaire et réserver au réfrigérateur jusqu'au moment de démouler et de servir.

CAMEMBERT GRATINÉ AUX CIGARETTES RUSSES DELACRE®

10 MIN DE PRÉPARATION – 10 MIN DE CUISSON

POUR 6 À 8 PERSONNES

6 Cigarettes Russes DELACRE®

2 cuillerées à soupe de chapelure de pain

farine

1 œuf

1 camembert pas trop fait

1 cuillerée à soupe d'huile

1- Mixer très finement les Cigarettes Russes DELACRE®. Les mélanger à la chapelure.

2- Préparer 3 assiettes creuses. Dans la première, verser quelques cuillerées à soupe de farine. Dans la deuxième, mettre l'œuf battu à la fourchette. Dans la troisième, verser la chapelure.

3- Couper le camembert en 6 ou en 8 parts.

4- Tremper toutes les surfaces du camembert dans la farine, puis dans l'œuf. Tremper enfin dans la chapelure en appuyant pour bien faire adhérer.

5- Préchauffer une poêle à feu moyen. Y verser 1 cuillerée à soupe d'huile. Faire dorer les portions de camembert sur toutes les faces. Servir bien chaud, accompagné d'une salade.

CRUMBLE DE COURGETTES & OIGNONS ROUGES

10 MIN DE PRÉPARATION – 1 H DE CUISSON

POUR 4 PERSONNES

LA GARNITURE

4 courgettes

2 oignons rouges

2 gousses d'ail

huile d'olive

sel et poivre du moulin

LE CRUMBLE

6 Cigarettes Russes DELACRE®

2 cuillerées à café de farine

1 cuillerée à soupe d'huile d'olive

1 cuillerée à soupe de persil haché

1 gousse d'ail

poivre du moulin

1- Préchauffer le four à 200 °C.

2- Couper les courgettes en fines tranches. Éplucher et hacher l'ail. Éplucher et couper les oignons en rondelles.

3- Disposer dans un plat à gratin, les tranches de courgette et parsemer d'ail. Saler, poivrer. Couvrir avec les rondelles d'oignon. Arroser d'un filet d'huile d'olive, poivrer. Enfourner et laisser cuire 45 minutes.

4- Concasser les Cigarettes Russes DELACRE®. Éplucher et hacher l'ail. Dans un bol, mélanger tous les ingrédients et travailler du bout des doigts jusqu'à obtenir une pâte sableuse.

5- Répartir sur les légumes sans tasser. Enfourner et laisser cuire 15 minutes.

BLANCS DE POULET CROUSTILLANTS AUX ÉPICES

15 MIN DE PRÉPARATION – 20 MIN DE CUISSON

POUR 4 PERSONNES

LA CHAPELURE

8 Cigarettes Russes DELACRE®

farine

1 cuillerée à café rase de graines de cumin

1 cuillerée à café rase de graines de coriandre

8 grains de poivre

2 pincées de curcuma

1 gros œuf

fleur de sel

sel, poivre du moulin

LE POULET

4 blancs de poulet

1- Préchauffer le four à 200 °C.

2- Écraser finement les épices au mortier, puis, un peu plus grossièrement, les Cigarettes Russes DELACRE®. Mélanger le tout avec 1 cuillerée à soupe de farine, le curcuma et 1 pincée de fleur de sel.

3- Préparer 3 assiettes creuses. Dans la première, verser quelques cuillerées à soupe de farine. Dans la deuxième, l'œuf battu. Dans la troisième, verser le mélange aux épices.

4- Recouvrir les blancs de poulet de farine, tapoter pour enlever l'excédent et n'en laisser qu'une fine couche. Les tremper dans l'œuf battu puis dans le mélange aux épices en appuyant bien pour le faire adhérer.

5- Déposer les blancs ainsi préparés dans un plat légèrement huilé. Saler, poivrer. Enfourner à mi-hauteur et laisser cuire 20 minutes.

Cigarettes Russes

TERRINE DE FOIE GRAS AUX CIGARETTES RUSSES DELACRE®

10 MIN DE PRÉPARATION – 6 À 12 H DE RÉFRIGÉRATION

POUR 4 PERSONNES

200 g de foie gras mi-cuit

8 Cigarettes Russes DELACRE®

poivre du moulin

graisse de canard

1- Démouler le bloc de foie gras. Récupérer la graisse et la faire fondre.

2- Couper le foie gras en 3 tranches.

3- Concasser grossièrement les Cigarettes Russes DELACRE®.

4- Poser une tranche de foie gras dans le fond d'une terrine. Poivrer. Poser par-dessus la moitié des Cigarettes Russes DELACRE® concassées. Verser un peu de graisse de canard fondue. Recouvrir d'une tranche de foie gras. Poivrer. Verser le reste de Cigarettes Russes DELACRE®. Verser à nouveau de la graisse fondue. Finir avec la troisième tranche. S'il en reste, verser de la graisse. Appuyer à plat. Fermer hermétiquement avec du film transparent et réserver alors 6 à 12 heures au réfrigérateur.

5- Démouler la terrine. Servir avec de la baguette fraîche.